Lies richtig 3

Erarbeitet von   Heike Baligand

Illustriert von   Antje Hagemann

Die Überraschung

Die Sommerferien sind zu Ende. Max und Robin freuen sich
auf den ersten Tag in der dritten Klasse. Robin holt Max am Morgen ab.
Gemeinsam gehen sie zur Schule. Auf dem Schulweg sagt Max:
„Ich bin so gespannt auf unsere neue Lehrerin."
5 Auf dem Schulhof treffen die beiden Jungen ihre Mitschüler.
Alle sind aufgeregt, denn sie wissen nicht,
wen sie als neue Klassenlehrerin bekommen.
Nach dem Klingeln gehen alle in das Gebäude.
Der Klassenraum sieht ganz anders aus.
10 Die Tische stehen in Reihen hintereinander.
Max und Robin setzen sich zusammen an einen Tisch.
Sie sitzen ganz hinten in der Klasse am Fenster.
Vor ihnen sitzen Maren und Susanne.
Plötzlich geht die Tür auf, und ein Mann kommt herein.
15 Es wird ganz still in der Klasse.
Der Mann sagt: „Guten Morgen, ich bin Herr Schneider.
Ich bin euer neuer Klassenlehrer."
Maren flüstert: „Das ist ja eine Überraschung, einen Mann hatten wir
noch nie." Mark meldet sich. Er möchte einen anderen Platz haben.
20 Herr Schneider sagt: „Über die Sitzordnung reden wir, wenn wir uns
besser kennen.
Jetzt gebe ich euch zuerst euren Stundenplan."
Auf dem Weg nach Hause sagt Robin zu Max:
„Ich glaube, Herr Schneider ist nett."

1 Unterstreiche im Text, was die Personen sagen.

2 Welcher Satz passt zum Text?
Verbinde.

Tipp: Die Lösung findest du im Text.

Max und Robin gehen am Morgen — in den Zirkus. / in die Stadt. / in die Schule.

Auf dem Schulhof treffen die Jungen — ihre Mitschüler. / ihren Fußballtrainer. / den Hausmeister.

Die Tische in der Klasse — stehen an der Wand. / stehen hintereinander. / stehen im Kreis.

Die Tür geht auf, und — die Sekretärin kommt herein. / ein Hund kommt herein. / ein Mann kommt herein.

3 Lies genau. Ein Wort in jedem Satz ist falsch.
Streiche das falsche Wort durch und schreibe das richtige darüber.

ersten

Max und Robin freuen sich auf den ~~letzten~~ Tag in der dritten Klasse.

_____

Auf dem Schulhof treffen die beiden Mädchen ihre Mitschüler.

_____

Sie sitzen ganz vorne in der Klasse am Fenster.

_____

Maren schreit: „Das ist ja eine Überraschung, einen Mann hatten wir noch nie."

3

4 Lies die Fragen und Antworten mit einem anderen Kind.
Untersteicht die Wörter, die ihr besonders betonen müsst.

Geht Max ins <u>Museum</u>?   Nein, Max geht in die <u>Schule</u>.
<u>Fliegt</u> Max in die Schule?   Nein, Max <u>geht</u> in die Schule.
Geht <u>Moritz</u> in die Schule?   Nein, <u>Max</u> geht in die Schule.

Stehen die Tische im <u>Kreis</u>?   Nein, die Tische stehen in Reihen.
<u>Liegen</u> die Tische in Reihen?   Nein, die Tische stehen in Reihen.
Stehen die <u>Stühle</u> in Reihen?   Nein, die Tische stehen in Reihen.

Kommt eine Frau in die Klasse?   Nein, ein Mann kommt in die Klasse.
Kommt ein Mann in die Küche?   Nein, ein Mann kommt in die Klasse.
Stolpert ein Mann in die Klasse?   Nein, ein Mann kommt in die Klasse.

5 Lies die Sätze mit unterschiedlicher Stimme deinem Nachbarn vor.
Überlegt, was sich dadurch ändert.

lustig   böse   ängstlich   geheimnisvoll

A   Das ist ja eine Überraschung.
B   Ich bin so gespannt auf unsere neue Lehrerin.
C   Guten Morgen, ich bin Herr Schneider.

STUNDENPLAN

Stunden	Montag	Dienstag	Mittwoch	Donnerstag	Freitag
1.	Deutsch	Mathe	Musik	Englisch	Mathe
2.	Mathe	Mathe	Religion	Deutsch	Sport
3.	Sachunterricht	Sachunterricht	Deutsch	Mathe	Sport
4.	Religion	Englisch	Deutsch	Kunst	Deutsch
5.	Werken		Sachunterricht	Kunst	AG

6 Kreuze die richtige Antwort an.

Tipp: Eine AG ist eine Arbeitsgemeinschaft, z. B. Chor oder Fußball.

An welchem Tag hat die Klasse Sport?
- Montag
- Freitag
- Mittwoch

Was wird am Dienstag in der 4. Stunde unterrichtet?
- Mathe
- Deutsch
- Englisch

An welchem Tag hat die Klasse Kunst?
- Donnerstag
- Dienstag
- Freitag

Wie viele Stunden Sachunterricht hat die Klasse in der Woche?
- 2 Stunden
- 4 Stunden
- 3 Stunden

An welchem Tag hat die Klasse kein Deutsch?
- Freitag
- Dienstag
- Montag

Ferienerlebnisse

Die Schule hat wieder angefangen. Die Schüler der Klasse 3a erzählen von ihren Sommerferien. Manche Kinder haben die Ferien zu Hause verbracht. Andere Kinder waren in fernen Ländern. Alle hatten schöne Erlebnisse.

5 Lena war mit ihrer Familie in Ägypten. Sie mag nicht gerne mit dem Flugzeug fliegen. Beim Start bekommt sie immer Ohrenschmerzen. Aber in Ägypten war es toll. Besonders die Pyramiden haben ihr sehr gut gefallen. Sie sind riesengroß. Alex und Marcel haben ihre Tante in Berlin besucht.

10 Dort waren sie im Zoo. Am Eisbärengehege waren viele Besucher. Alex und Marcel mussten etwas warten, bis sie das Eisbärenbaby sehen konnten. Aber es gab noch viele Tiere und einen tollen Spielplatz mit einem riesigen Klettergerüst.

15 Svenja hatte Besuch von ihrer Cousine Marie. Sie haben eine Fahrradtour gemacht und waren fast jeden Tag im Schwimmbad. Mehmet war in der Türkei. Er hat seine Großeltern besucht, die am Meer wohnen. Das fand Mehmet toll, denn so konnte er

20 jederzeit ins Wasser springen, wenn es heiß war. Mira und Sophie haben Ferien auf dem Reiterhof gemacht. Das war aufregend, denn die Mädchen waren zum ersten Mal ohne die Eltern im Urlaub. Max, Marco und Tim haben jeden Tag Fußball gespielt.

25 Einmal haben die Jungen im Garten von Marcos Eltern gezeltet.

1 Unterstreiche im Text.

Alle Mädchennamen rot. Es gibt ____ Mädchennamen.

Alle Jugennamen blau. Es gibt ____ Jungennamen.

2 Einige Kinder der Klasse 3a haben Ansichtskarten geschrieben.
Trage ein, wer die Karte geschrieben hat.

Liebe Mama,
heute waren wir im Zoo.
Das Eisbärenbaby ist so süß.
Liebe Grüße aus Berlin
von _____
und _____

An
Fam
Gne

Hallo Natascha,
auf dem Reiterhof ist es toll.
Mein Pony heißt Romeo.
Es hat ganz braune Augen.
Aber das Pony von Sophie
ist auch sehr lieb.
Bis bald.
Deine _____

3 Lies einem anderen Kind den Text vor.
Ergänze beim Lesen die fehlenden Buchstaben.

Lie◯ Oma,
viele Grü◯ aus Ägypten sen◯ Dir Lena.
Es ist sehr ◯ön hier. Unser Hotel liegt direkt am ◯eer.
Wir gehen jeden Tag ◯immen. Das ◯sser ist ganz warm.
Gestern bin ich geschnorchelt. Das war ◯oll.
Ich habe viele bunte ◯sche gesehen. Die sehen unter
Was◯ viel größer aus. In vier Tagen flie◯ wir
wieder nach Hau◯. Ein bisschen ◯ngst vor dem
Rückflug habe ich schon.
◯be Grüße
Deine Lena

4 Lies genau. Ein Wort in jedem Satz ist falsch.
Streiche das falsche Wort durch und schreibe das richtige darüber.

Mehmet
~~Tim~~ war in der Türkei.

_____

Lena war mit ihrer Familie in Italien.

_____

Mira und Lena haben Ferien auf dem Reiterhof gemacht.

_____

Max, Marco und Tim haben jeden Tag Handball gespielt.

_____

Alex und Marcel haben ihre Schwester in Berlin besucht.

5 Kreuze die richtigen Sätze an.

- Marco war mit seiner Familie auf dem Reiterhof.
- Sophie war mit ihrer Familie auf dem Reiterhof.
- Mira und Sophie waren auf dem Reiterhof.

- Max und Marco haben eine Fahrradtour gemacht.
- Svenja und ihre Cousine haben eine Fahrradtour gemacht.
- Mira und Sophie haben eine Fahrradtour gemacht.

- Max, Marco und Tim haben im Garten gezeltet.
- Lena hat mit ihrer Familie im Garten gezeltet.
- Leila hat mit ihren Großeltern im Garten gezeltet.

- Marcos Großeltern wohnen am Meer.
- Mehmets Großeltern wohnen am Meer.
- Lenas Großeltern wohnen am Meer.

6 Verbinde die passenden Satzteile miteinander.

Mehmet besuchte seine — Urlaub in Ägypten.

Lena machte mit ihrer Familie — zelteten im Garten von Marcos Eltern.

Tim, Marco und Max — waren auf dem Reiterhof.

Marcel und Alex — gingen oft ins Schwimmbad.

Svenja und ihre Cousine — besuchten ihre Tante in Berlin.

— Großeltern in der Türkei.

7 Lies den Text.
Unterstreiche alle Zeilen rot, die zum Zoobesuch passen.
Unterstreiche dann alle Zeilen blau, die zum Zelten passen.

Wir waren in den Ferien im Zoo.
Am Eingang stand eine lange Warteschlange.
Es dauerte zehn Minuten bis wir hinein konnten.
Ich zeltete in den Ferien mit Max und Marco.
Wir bauten das Zelt unter dem Apfelbaum auf.
Gleich hinter dem Eingang war ein Freigehege.
Darin wohnten viele Meerschweinchen.
Es war so groß, dass wir zu dritt darin schlafen konnten.
Dann gingen wir zu den Affen und schauten bei der Fütterung zu.
Am Abend brachte uns Marcos Mama einen Teller mit Broten.
Nach dem Rundgang spendierte uns die Tante noch ein Eis.
Als es dunkel wurde, spielten wir im Zelt.

8 Lies einem anderen Kind die getrennten Geschichten vor.

9 An welchen Wörtern hast du erkannt,
dass es die Geschichte vom Zoobesuch ist? Schreibe die Wörter auf.

_____

_____

_____

10

10 Lies mit einem anderen Kind das Gespräch zwischen Lena und Mira. Wechselt die Rollen.

Wie lange warst du auf dem Reiterhof?

Eine Woche.

Gab es dort viele Kinder?

In unserer Gruppe waren 20 Kinder. Vier Kinder haben immer in einem Zimmer gewohnt.

Durftet ihr jeden Tag reiten?

Am ersten Tag nicht. Wir haben zuerst gelernt, wie man die Tiere putzt und wie man ein Pferd sattelt. Das ist gar nicht so einfach.

Hattest du jeden Tag das gleiche Pferd?

Ja, ich hatte einen Haflinger. Er hieß Romeo.

War dein Pferd lieb?

Eigentlich war er sehr lieb, aber er war kitzelig am Bauch und wollte sich dort nicht putzen lassen. Einmal hat er auch ausgeschlagen.

Hattest du eigentlich Angst, weil Pferde so groß sind?

Ich hatte auch ein bisschen Angst. Einmal ist mir Romeo auf den Fuß getreten. Dort ist immer noch ein blauer Fleck.

Seid ihr in einer Reithalle geritten?

In der Reithalle waren wir nur einmal. Da hat es geregnet. Sonst sind wir draußen geritten. Das war toll.

Möchtest du noch mal auf den Reiterhof fahren?

Ja, ich bin gespannt, ob Romeo mich dann wieder erkennt.

Lena   Mira

Die Neue

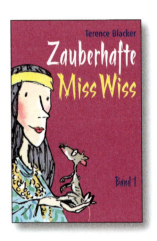

Tipp: Die Geschichte von Miss Wiss spielt in England. Auf Englisch heißt das Buch: „Magic Miss Wiz".

Der folgende Text stammt aus dem Buch „Zauberhafte Miss Wiss" von dem Autor Terence Blacker. Miss Wiss ist eine Lehrerin, die hexen kann. Die Kinder in ihrer Klasse haben viel Spaß mit ihr.

„Ihr sagt nur: Guten Morgen, zauberhafte Miss Wiss!, und ich sage: Guten Morgen, wunderbare dritte Klasse! Weil man gleich viel bessere Laune bekommt, wenn man sich so begrüßt." „Glaub ich nicht", brummte
5 Katharina, die fast immer etwas zu meckern hatte. „Und wieso gerade zauberhafte Miss Wiss?", fragte ein großer Junge in der ersten Reihe. Es war Dumbo, der vielleicht der langweiligste, aber bestimmt der verfressenste Junge in der Klasse war.
Miss Wiss lächelte geheimnisvoll und sagte: „Wartet's ab!" Dann fasste
10 sie in die große schwarze Ledertasche, die sie neben ihrem Tisch abgestellt hatte und holte eine schwarze Katze aus Porzellan heraus. „Das", sagte sie und stellte die Katze vorsichtig auf den Tisch, „ist meine Freundin Sibylle, die Katze. Sie wird euch die ganze Zeit im Auge behalten. Sie sieht alles und hört alles. Sie ist mein Spion."
15 Miss Wiss drehte sich zur Tafel um. „Beknackt", murmelte Jack. Die Porzellankatze ließ ein unheimliches Fauchen hören. Ihre Augen funkelten. „Sibylle sieht euch auch, wenn ich euch den Rücken zukehre", sagte Miss Wiss, während sie sich wieder zur Klasse wandte. „Und jetzt möchte ich den jungen Mann, der gerade beknackt sagte,
20 bitten, uns das Wort zu buchstabieren". Alle schauten zu Jack, der rot geworden war. „D-A-S   W-O-R-T", stotterte er. Niemand lachte. „Entschuldigung! Also: B-E-G ... ."

1 Unterstreiche im Text das, was über Dumbo gesagt wird, rot und das, was über Katharina gesagt wird, blau.

12

2 Lies die Sätze, und ergänze im Bild, was fehlt.

Miss Wiss hat lange schwarze Haare und leuchtend grüne Augen.
Sie trägt eine blaue Jeans und eine knallrote Bluse.
Die Schuhe sind schwarz und haben hohe Absätze.
An ihren Fingern funkeln zwei große Ringe.
Die Fingernägel hat Miss Wiss schwarz lackiert.
Neben der Tafel hängt ein Bild. Darauf sieht man einen Hasen.
Auf der Tafel steht: „Guten Morgen".
Neben dem Lehrertisch steht die schwarze Ledertasche von Miss Wiss.
Auf dem Tisch steht die Porzellankatze.

3 Welcher Satz passt zum Text?
Verbinde.

Die Kinder sagten:	„Guten Morgen, wunderbare Miss Wiss!" „Guten Morgen, zauberhafte Miss Wiss!" „Guten Abend, zauberhafte Miss Wiss!"
Dumbo ist	ein Schokoriegel mit Nüssen und Karamel. der Name eines Elefantenbabys. ein langweiliger Junge aus der Klasse.
Miss Wiss holt	eine Katze aus Plastik aus der Tasche. eine Katze aus Porzellan aus der Tasche. eine Katze aus Porzellan aus dem Schrank.
Die Porzellankatze ließ	ein unglaubliches Fauchen hören. ein leises Fauchen hören. ein unheimliches Fauchen hören.

Tipp: Damit man einen Text gut verstehen kann, muss man beim Vorlesen Pausen machen.

4 Ziehe dort einen Strich (/), wo du eine Pause machen möchtest.
Achte auf den Sinn. Lies den Text einem anderen Kind vor.

Miss Wiss ist die neue Lehrerin der dritten Klasse sie ist ganz modern angezogen ihre Jeans ist knalleng zu der Jeans trägt sie eine rote Bluse Miss Wiss mag auch Ringe es funkeln mehrere große Ringe an ihren Fingern die Fingernägel hat Miss Wiss schwarz lackiert

5 Lies genau.
Schreibe die richtigen Wörter aus dem Text in die Lücken.

Dann fasste sie in die große _____ Ledertasche, die sie neben ihrem _____ abgestellt hatte, und holte eine schwarze _____ aus Porzellan heraus. „Das", sagte sie und stellte die Katze _____ auf den Tisch, „ist meine _____ Sibylle, die Katze. Sie wird euch die ganze Zeit im _____ behalten. Sie _____ alles und _____ alles. Sie ist mein _____." Miss Wiss drehte sich zur _____ um. „_____", murmelte Jack. Die Porzellankatze ließ ein _____ Fauchen hören. Ihre _____ funkelten. „Sibylle sieht euch auch, wenn ich euch den _____ zukehre", sagte Miss Wiss, während sie sich wieder zur _____ wandte.

6 Ergänze beim Lesen den unteren Teil der Buchstaben.
Lies den Text einem anderen Kind vor.

Miss Wiss schaffte es mit kleinen Tricks, die Schüler der dritten Klasse in nette Kinder zu verwandeln. Im Unterricht war es jetzt ganz still. Caroline träumte nicht mehr, sondern beschäftigte sich mit den Aufgaben. Jack schoss keine Papierkügelchen mehr durch das Klassenzimmer. Dumbo aß keine Bonbons im Unterricht. Katharina beschwerte sich nicht, wenn jemand ihre Stifte benutzen wollte. Kein Kind wurde ausgelacht, wenn es etwas Falsches gesagt hatte. Alle waren hilfsbereit und nett.

Ein Nachmittag im Hallenbad

Silke hat sich am Dienstagnachmittag mit Freunden aus ihrer Klasse im Hallenbad verabredet. Ihre beste Freundin Nina hat im Sommer ihr Jugendschwimmabzeichen Silber gemacht.
Silke hat dieses Schwimmabzeichen noch nicht.

5 Das Zeitschwimmen schafft sie gut und die Baderegeln kennt sie. Den Sprung aus drei Metern Höhe traut sich Silke auch. Aber beim Tauchen hat sie noch Probleme. Sie muss zwei Gegenstände heraufholen und zehn Meter Streckentauchen.
Nina will heute das Tauchen mit ihr üben.

10 Silke macht ihre Hausaufgaben und nimmt dann den Bus zum Schwimmbad. Nina und die anderen warten schon an der Kasse.
Auf einer Tafel stehen die Öffnungszeiten und die Preise. Silke hat eine 10er Karte. Die Kassiererin stempelt das Datum auf die Karte.

Eintrittspreise	Tageskarte	10er Karte
Erwachsene	4,10 Euro	38,50 Euro
Kinder/Schüler/Studenten	3,10 Euro	29,50 Euro
Familien	8,50 Euro	76,50 Euro

Öffnungszeiten
Mo. – Fr.   7.30 – 20.00 Uhr
Sa.   7.00 – 22.00 Uhr
So.   8.00 – 13.00 Uhr

Die Mädchen ziehen sich um und duschen. Dann gehen sie in den
15 Badebereich. Zuerst gehen sie zur großen Rutsche.
Dort stehen gerade viele Kinder an.
Nina sagt: „Erst die Arbeit, dann das Vergnügen."
Also gehen sie zum Schwimmbecken und üben das Tauchen. Nina
erklärt Silke, dass sie den Kopf zwischen die Arme nehmen und sich
20 dann mit den Händen voran ins Wasser fallen lassen soll. Silke übt
fleißig und kommt bei jedem Tauchgang etwas tiefer. Nach einer
Viertelstunde ist es geschafft. Silke hat den ersten Ring vom
Beckenboden geschnappt und hochgeholt. Sie ist glücklich und sagt:
„Jetzt kommt die Belohnung."
25 Sie gehen wieder zur Rutsche. Dort ist es jetzt ganz leer. Neben der
Rutsche stehen Hinweisschilder, und es gibt eine Ampel. Man darf nur
bei Grün rutschen.

1 Unterstreiche im Text,
was Silke für das Jugendschwimmabzeichen
Silber alles machen muss.

Tipp: Silke muss fünf Dinge für das Schwimmabzeichen Silber können.

2 Kreuze die richtige Antwort an.

Wie heißt die beste Freundin von Silke?
- Nadine
- Nina
- Natalie

Wann hat das Hallenbad am Dienstag geöffnet?
- 8.00 – 20.00 Uhr
- 7.00 – 22.00 Uhr
- 7.30 – 20.00 Uhr

Mit welchem Verkehrsmittel kommt Silke zum Hallenbad?
- Straßenbahn
- Fahrrad
- Bus

Wann hat Nina das Jugendschwimmabzeichen gemacht?
- im Sommer
- im Herbst
- im Frühling

Hat das Hallenbad am Sonntagabend geöffnet?
- manchmal
- nein
- ja

Wie weit muss man für das Jugendschwimmabzeichen Silber tauchen?
- 10 Meter
- 20 Meter
- 15 Meter

Wie teuer ist eine Tageskarte für Familien?
- 4,10 Euro
- 8,50 Euro
- 38,50 Euro

3 Verbinde die passenden Satzteile miteinander.

4 Kreuze die richtige Antwort an.

	stimmt	stimmt nicht	steht nicht im Text
Das Hallenbad hat am Mittwoch ab 7.30 Uhr geöffnet.			
Das Hallenbad schließt am Wochenende um 13.00 Uhr.			
Das Hallenbad hat an Feiertagen geschlossen.			
Das Hallenbad ist täglich ab 7.00 Uhr geöffnet.			
Man muss eine Badekappe tragen.			
Die Zehnerkarte für Schüler kostet 29,50 Euro.			
Das Hallenbad schließt am Sonntag um 22.00 Uhr.			
Man darf im Hallenbad picknicken.			

5 Ordne die Regeln den Schildern zu.
Sind die Regeln sinnvoll?
Sprich mit einem anderen Kind darüber.

Man darf nicht vom Rand aus
ins Becken springen.

Es ist verboten,
im Schwimmbad zu essen.

Es ist verboten,
rückwärts zu rutschen.

Es ist verboten,
eine andere Person
auf die Schulter zu nehmen.

6 Ziehe dort einen Strich (/), wo du beim Vorlesen eine Pause machen möchtest.
Achte auf den Sinn. Lies den Text einem anderen Kind vor.

Für das Jugendschwimmabzeichen Silber muss man verschiedene Aufgaben erfüllen man muss schwimmen springen tauchen und die Baderegeln kennen man muss mit einem Startsprung ins Wasser springen und mindestens 400 Meter in höchstens 25 Minuten schwimmen beim Tauchen muss man zweimal einen Gegenstand aus zwei Meter tiefem Wasser heraufholen außerdem muss man zehn Meter Streckentauchen zum Schluss fehlt noch der Sprung aus drei Metern Höhe

7 Formuliere Regelsätze zu den Quatsch-Piktogrammen.

Man darf im Hallenbad nicht

Es ist verboten,

Freunde

Sina und Manuel sind Freunde. Sie wohnen im gleichen Haus am Rande einer kleinen Stadt. Sina wohnt im Erdgeschoss und Manuel im ersten Stock. Sina und Manuel kennen sich schon aus dem Kindergarten. Manuels Mama sagt, dass sie schon in der Sandkiste
5 miteinander gespielt haben. Jetzt gehen sie in die gleiche Schule und sitzen in der Klasse nebeneinander. Morgens treffen sie sich vor der Haustür und gehen dann gemeinsam zur Schule.
Manuels Mama muss manchmal am Nachmittag arbeiten. Dann geht Manuel mit zu Sina. Sinas Mutter ist immer zu Hause. Die Kinder essen
10 zusammen Mittag und machen dann Hausaufgaben.
Sinas Lieblingsfach ist Mathe. Sie kann gut im Kopf rechnen und ist mit den Aufgaben immer schnell fertig. Manuel mag das Fach Deutsch am liebsten.
Er schreibt schöne Geschichten und kann gut lesen. So können sie sich
15 bei den Hausaufgaben helfen. Nachmittags fahren die beiden Kinder manchmal Fahrrad oder gehen auf den Spielplatz.
Sina und Manuel sind wirklich gute Freunde. Einige Kinder aus der Klasse ärgern sie deswegen. Sie sagen, dass Manuel in Sina verliebt sei.
20 Heute ist Manuel ganz still auf dem Schulweg. Zuerst will er nicht sagen, was los ist. Dann fängt er an zu erzählen. Sein Papa war drei Monate arbeitslos. Jetzt hat er eine neue Stelle gefunden.
Die Arbeitsstelle ist jedoch in einer anderen Stadt. Manuel wird mit seiner Familie umziehen. Aber Manuel will nicht in eine andere Stadt.
25 Er möchte weiter der Freund von Sina bleiben und gemeinsam mit ihr zur Schule gehen.

1 Unterstreiche im Text, was Sina und Manuel gemeinsam machen.

2 Welcher Satz passt zum Text? Verbinde.
Es können auch mehrere Sätze passend sein.

Die Kinder im Text heißen
- Sina und Markus.
- Sabine und Manuel.
- Marcel und Sina.
- Manuel und Sina.

Die beiden Kinder wohnen
- auf einem Bauernhof.
- in einer kleinen Stadt.
- in einem hübschen Dorf.

Sina und Manuel sind
- Geschwister.
- Freunde.
- Zwillinge.
- Cousin und Cousine.

Die beiden Freunde
- gehen zusammen zur Schule.
- machen zusammen Hausaufgaben.
- haben das gleiche Lieblingsfach.
- kennen sich aus dem Kindergarten.

Eines Morgens
- ist Manuel sehr erkältet.
- ist Manuel sehr still.
- hat Manuel sich verspätet.
- hat Manuel die Hausaufgaben vergessen.

Manuels Vater
- hat sich ein Bein gebrochen.
- war drei Monate arbeitslos.
- ist seit drei Jahren arbeitslos.
- hat eine neue Arbeitsstelle gefunden.

3 Lies genau. Ein Wort in jedem Satz ist falsch.
Streiche das falsche Wort durch und schreibe das richtige darüber.

Freunde
Sina und Manuel sind ~~Zwillinge~~.

Sina wohnt im Erdgeschoss und Manuel im zweiten Stock.

Manuels Mama muss manchmal am Vormittag arbeiten.

Sinas Lieblingsfach ist Musik.

Heute ist Manuel ganz still auf dem Heimweg.

4 Kreuze die richtige Antwort an.

	stimmt	stimmt nicht	steht nicht im Text
Sina und Manuel sind Geschwister.			
Sina und Manuel wohnen im gleichen Haus.			
Das Haus hat eine blaue Haustür.			
Manuel ist etwas größer als Sina.			
Die beiden Kinder spielen Handball.			
Manuels Mama muss am Nachmittag manchmal arbeiten.			
Sinas Mama hat lange braune Haare.			
Sinas Mama ist seit drei Monaten arbeitslos.			

5 Lies mit einem anderen Kind das Gespräch zwischen Sina und Manuel. Wechselt die Rollen. Ein drittes Kind muss den blau gedruckten Text lesen.

Am nächsten Morgen gehen Sina und Manuel wieder zusammen zur Schule. Manuel redet nicht. Er guckt traurig auf den Gehsteig.

Sina	Manuel
Weißt du schon, wann ihr umzieht?	Wahrscheinlich in den Weihnachtsferien. Mein Vater fängt im Januar wieder an zu arbeiten.
Wie weit ist die Stadt denn entfernt?	Mama sagt, dass wir mit dem Auto ungefähr zwei Stunden brauchen.
Haben deine Eltern schon eine neue Wohnung gefunden?	Sie haben sich einige Wohnungen angeschaut. Am Wochenende entscheiden wir gemeinsam.
Das finde ich toll, dass du mitentscheiden darfst.	Ich will aber nicht entscheiden. Ich will hier bleiben.

Plötzlich hat Sina eine Idee.

Darf ich am Wochenende mitfahren und dein neues Zimmer gleich anschauen?	Das würdest du machen?

Manuel hebt den Kopf und sieht schon ein bisschen weniger traurig aus.

Na klar, dann weiß ich schon, wo ich schlafe, wenn ich dich in den Weihnachtsferien besuche.

25

Gewitter

Das Gewitter

Hinter dem Schlossberg kroch es herauf:
Wolken – Wolken!
Wie graue Mäuse,
ein ganzes Gewusel.

Zuhauf
jagten die Wolken gegen die Stadt.
Und wurden groß
und glichen Riesen
und Elefanten
und dicken finsteren Ungeheuern,
wie sie noch niemand gesehen hat.

„Gleich geht es los!",
sagten im Kaufhaus Dronten
drei Tanten
und rannten heim,
so schnell sie
konnten.

Da fuhr ein Blitz
mit helllichtem Schein,
zickzack,
blitzschnell
in einen Alleebaum hinein.
Und ein Donner schmetterte hinterdrein,
als würden dreißig Drachen
auf Kommando lachen,
um die Welt zu erschrecken.
Alle Katzen der Stadt
verkrochen sich
in den allerhintersten Stubenecken.

Doch jetzt ging ein Platzregen nieder!
Die Stadt war überall
nur noch ein einziger Wasserfall.
Wildbäche waren die Gassen.

Plötzlich war alles vorüber,
die Sonne kam wieder
und blickte vergnügt
auf die Dächer, die nassen.

Josef Guggenmos

1 Unterstreiche im Gedicht die Tiere, mit denen das Gewitter verglichen wird.

2 Welche Überschriften könnten die Strophen im Gedicht haben? Ordne zu.

Tipp: Ein Absatz im Gedicht heißt Strophe.

Überschriften	Strophe
Das Gewitter ist da.	4. Strophe
Das Gewitter ist vorbei.	
Das Gewitter zieht heran.	
Das Gewitter kommt näher.	
Der Regen setzt ein.	
Die Reaktion der Tanten.	

3 Lies das Gedicht mit unterschiedlicher Stimme.
Unterstreiche die Zeilen, die du besonders betonen möchtest, mit verschiedenen Farben:

leise – blau _____
laut – rot _____
langsam – braun _____
schnell – grün _____
fröhlich – gelb _____

Tipp: Geräusche kann man mit dem Körper, mit Instrumenten oder mit Gegenständen machen.

4 Überlege dir mit einem anderen Kind, wie man das Gedicht vertonen kann. Tragt das Gedicht der Klasse vor.

28

5 Kreuze die richtige Antwort an.

Hinter welchem Berg kriecht das Gewitter herauf?
Burgberg　　　　Schlossberg　　　　Müllberg

Mit welchen Tieren werden die Wolken in der zweiten Strophe verglichen?
Giraffen　　　　Walfischen　　　　Elefanten

In welchen Baum schlägt der Blitz ein?
Apfelbaum　　　　Pflaumenbaum　　　　Alleebaum

Der Donner wird mit Drachen verglichen. Wie viele sind es?
drei　　　　dreizehn　　　　dreißig

Welche Tiere verkriechen sich in den Stubenecken?
Hamster　　　　Katzen　　　　Meerschweinchen

Was für ein Regen fällt in der 5. Strophe?
Nieselregen　　　　Landregen　　　　Platzregen

Wer blickt nach dem Regen vergnügt auf die nassen Dächer?
Nachbar　　　　Sonne　　　　Mond

29

6 Lies den Text und ergänze die fehlenden Wörter.

Große Schäden nach schweren Unwettern

Gestern Nachmittag haben schwere _____ im Süden Deutschlands große Schäden angerichtet. Der Sturm _____ mit Höchstgeschwindigkeiten von über 100 km/h über das _____.
Es wurden _____ entwurzelt und Dächer _____.
Eine große Tanne _____ um und fiel auf ein _____.
Zum Glück wurde niemand _____.
Die Aufräumarbeiten wurden von heftigen Gewittern mit ergiebigen _____ behindert. In vielen Gemeinden musste die _____ ausrücken und die vollgelaufenen Keller _____.

Mehrere Flüsse traten über ihre Ufer und _____ die angrenzenden Straßen. Da auch in den nächsten _____ mit weiteren Regenfällen und Gewittern zu rechnen ist, wird sich die Situation im _____ Deutschlands vorerst nicht entspannen.

7 Lies die Sätze und ergänze im Bild, was fehlt.

Die Sonne hat sich hinter großen grauen Wolken versteckt.
Über dem Wald sieht man drei gelbe Blitze.
Dicke Regentropfen prasseln herunter.
Die Wäsche auf der Leine flattert im Wind.
Ein rotes T-Shirt hat der Wind fast heruntergerissen.
Auf dem Rasen liegen viele Blätter.
Eine grüne Gießkanne hat der Wind umgeworfen.
Unter dem Gebüsch hat sich ein kleiner Igel versteckt.
Er mag auch kein Gewitter.

Projektwoche

Unsere Schule veranstaltet jedes Jahr eine Projektwoche.
In diesem Jahr gab es ein Zirkusprojekt. Ein richtiger Zirkus kam
an unsere Schule. Das Zirkuszelt wurde hinter der Schule
auf dem Fußballplatz aufgebaut.

5 Zu der Zirkusfamilie gehörten auch die neun Jahre alte Melinda und
der acht Jahre alte Leon.
Die Eltern und ein Großvater der beiden sind richtige Artisten.
Sie übten mit allen Schulkindern Kunststücke ein.
Bis zum Ende der Woche sollten die Kinder ihren Auftritt geübt haben.

10 Dann wollten auch sie als Artisten auftreten.
Die Mutter von Melinda und Leon ist Seiltänzerin.
Sie übte mit einigen Kindern,
auf einem dicken Seil das Gleichgewicht zu halten.
Der Vater ist Tierlehrer. Bei unserer Projektwoche zeigte er

15 einigen Schulkindern, wie man Affen und Pferde dressiert.
Der Großvater arbeitet als Clown. Er übte mit einigen Kindern
Clownnummern und Zauberkunststücke ein.
Die Großmutter schminkt die Artisten.
Außerdem verkauft sie die Eintrittskarten und Essen und Trinken

20 an die Besucher.

Am Freitag war dann der große Auftritt. Es gab zwei Vorstellungen für Eltern, Verwandte und Freunde. Die Großmutter der Zirkusfamilie saß an der Kasse und verkaufte in der Pause kühle Getränke, Popkorn und Eis. Die Kinder, die bei der Affendressur mitmachten, hatten es nicht
25 leicht. Die Affen waren frech und wollten oft nicht gehorchen.
Die Kinder mit den lustigen Clownskostümen und den großen Schuhen sahen wie richtige Artisten aus. Die Zirkuskinder machten bei den Vorstellungen auch mit. Melinda zeigte einen Handstand auf einem Pferd und tanzte auf einem Seil. Leon trat als Clown auf.
30 Einige Schulkinder hatten sich in der Woche mit den Zirkuskindern angefreundet. Sie waren traurig, als der Zirkus nach der Vorstellung die Zelte abbaute und zur nächsten Schule weiterreiste. Der Zirkus bleibt nur im Herbst und im Winter für vier Monate an einem Ort. In der Zeit von Dezember bis Ende März können Melinda und Leon dann an
35 einer Schule bleiben.

1 Welche Aufgaben gibt es in der Zirkusfamilie?
Unterstreiche die Aufgaben der Mutter grün.
Unterstreiche die Aufgaben des Vaters braun.
Unterstreiche die Aufgaben des Großvaters blau.
Unterstreiche die Aufgaben der Großmutter rot.

2 Was würdest du gerne im Zirkus machen? Begründe deine Meinung.

_____

_____

3 Kreuze an.
Es können auch mehrere Antworten richtig sein.

Wie alt waren die Zirkuskinder?
- Melinda war acht und Leon neun Jahre alt.
- Beide Kinder waren acht Jahre alt.
- Melinda war neun und Leon acht Jahre alt.
- Beide Kinder waren neun Jahre alt.

Wo wurde das Zirkuszelt aufgebaut?
- Das Zirkuszelt wurde hinter der Schule aufgebaut.
- Das Zirkuszelt wurde auf der Pferdewiese aufgebaut.
- Das Zirkuszelt wurde auf dem Schulhof aufgebaut.
- Das Zirkuszelt wurde auf dem Fußballplatz aufgebaut.

Bei welchen Programmpunkten machte Melinda mit?
- Melinda trat als Clown auf.
- Melinda tanzte auf dem Seil.
- Melinda machte bei der Pferdeshow mit.
- Melinda dressierte die Affen.

Wie sah das Vorstellungsprogramm des Zirkus Rialto aus?
- Zuerst traten die Seiltänzerinnen auf.
- Die Clowns traten vor der Pause auf.
- Die Pferdeshow kam gleich nach der Pause.
- Ganz zum Schluss kamen die Zauberer.

Was machte die Großmutter?
- Sie übte mit den Kindern die Seiltanznummer.
- Sie verkaufte Eis und Popkorn.
- Sie dressierte die Pferde.
- Sie verkaufte die Eintrittskarten.

4 Lies den Text.
Unterstreiche alle Sätze rot, die zum Seiltanz gehören.
Unterstreiche alle Sätze blau, die zur Clownnummer gehören.

Zuerst habe ich das bunte Kostüm angezogen.
Mein Kostüm war sehr weit und aus vielen Flicken genäht.
Der Rock war aus Tüll und wippte bei jedem Schritt.
Als Nase habe ich einen kleinen roten Ball aufgesetzt.
Leons Oma hat mir einen großen weißen Mund,
rote Wangen und lange schwarze Wimpern angemalt.
Melindas Mama hat mir die Haare hochgesteckt.
Alle Seiltänzerinnen hatten eine rosa Schleife im Haar.
Das wichtigste am Kostüm waren die riesigen Schuhe.
Sie waren so groß, dass ich beim Gehen selbst lachen musste.
Zum Schluss habe ich den rosa Regenschirm aufgespannt.
Der ist für das Gleichgewicht auf dem Seil sehr wichtig.

5 Lies einem anderen Kind
die getrennten Texte vor.

6 An welchen Wörtern hast du erkannt, dass die Sätze zum Seiltanz gehören?
Schreibe die Wörter auf.

_____

_____

35

7 Kreuze die richtige Antwort an.

	stimmt	stimmt nicht	steht nicht im Text
Der Großvater dressierte die Pferde und die Affen.			
Leons Großmutter verkaufte Popkorn.			
Melinda isst gerne Spaghetti.			
Das Zirkuszelt hat Platz für 320 Personen.			
Leon half seinem Vater bei der Pferdedressur.			
Melinda und Leon leben in einer Artistenfamilie.			
Der Zirkus bleibt von Oktober bis März an einem Ort.			
Leon möchte später Dompteur werden.			
Die Affen waren lieb und gehorchten immer.			
Der Großvater übte Zauberkunststücke mit den Kindern.			

Tipp: Frage nach, wenn du ein Wort nicht verstehst, oder schlage in einem Lexikon nach.

8 In welchen Monaten ist der Zirkus nicht unterwegs? Schreibe die Monate auf.

9 Lies mit einem anderen Kind das Gespräch zwischen Melinda und Antje.
Wechselt die Rollen.
Ein drittes Kind muss den grün gedruckten Text lesen.

Antje und Melinda haben sich angefreundet.
Sie sitzen vor dem Wohnwagen.

A: Ich glaube, ich kann heute bei der Vorstellung nicht mitmachen.
M: Wieso denn das nicht?
A: Mein Bauch tut weh, und mein Kopf ist ganz heiß. Ich werde bestimmt krank.
M: Nein, du wirst nicht krank. Du hast Lampenfieber.
A: Lampenfieber? Das habe ich ja noch nie gehört.
Was ist das für eine Krankheit?
M: Lampenfieber ist eigentlich keine Krankheit. Lampenfieber ist die Aufregung vor der Show.
A: Hast du auch Lampenfieber?
M: Jeder hat Lampenfieber. Auch meine Eltern sind vor jedem Auftritt aufgeregt.
A: Aber du bist wie immer. Bei dir merkt man gar nichts.
M: Das kommt später, wenn ich mich zur Vorstellung umziehe. Dann fängt mein Herz ganz stark an zu klopfen, und ich bekomme schwitzige Hände.
A: Gibt es ein Medikament gegen Lampenfieber?
M: Man muss dem anderen dreimal über die Schulter spucken und „toi, toi, toi" sagen.

Vor der Vorstellung treffen sich Antje und Melinda wieder.
Beide sind umgezogen und geschminkt. Melinda geht auf Antje zu.

M: Toi, toi, toi.
A: Und du bist sicher, dass jetzt alles gut geht?
M: Ganz sicher! Wir treffen uns nach der Vorstellung.

Das Wochenendwetter

Mama und Papa möchten am Wochenende mit Freunden wegfahren. Sie wollen am Freitagmorgen losfahren und am Sonntagabend wieder nach Hause kommen.

Mein kleiner Bruder und ich werden an diesem Wochenende bei Oma
5 und Opa sein. Darauf freue ich mich, denn Oma und Opa haben einen großen Garten, in dem eine riesige Schaukel steht. Außerdem backt Oma am Wochenende immer leckeren Kuchen.

Unsere Eltern überlegen, welche Kleidung sie einpacken sollen. Mama sagt zu mir: „Lisa, kannst du bitte im Internet schauen, wie das Wetter
10 am Wochenende wird?" Das mache ich gerne.

Papa fragt: „Müssen wir Regensachen einpacken?"

Ich antworte: „Regenschirme braucht ihr auf alle Fälle, aber auch T-Shirts solltet ihr mitnehmen." Dann erkläre ich ganz genau: „Am Freitagvormittag ist es bedeckt, und es gibt leichten Regen.
15 Am Nachmittag wird das Wetter dann besser, dann ist es sonnig. Es soll bis zu 20°C warm werden.

So geht es auch am nächsten Tag weiter.

Am Samstag ist es bis Mittag heiter. Nachmittags versteckt sich dann die Sonne. Es ist bedeckt, aber es bleibt trocken.
20 Die Tageshöchsttemperatur liegt bei 18°C.

Am Sonntagmorgen regnet es stark. Es kann auch vereinzelt Gewitter geben. Aber am Nachmittag setzt sich die Sonne wieder durch, und es ist heiter bis wolkig. Die Temperatur steigt und beträgt bis zu 21°C."

Papa meint: „Das sieht doch gar nicht so schlecht aus. Wenn die Wettervorhersage stimmt, dann haben wir an einem Tag überhaupt keinen Regen und können wandern."

1 Unterstreiche im Text alle Wetterangaben zum Freitag braun, zum Samstag blau und zum Sonntag rot.

38

2 Trage die Wetterzeichen und die Höchsttemperaturen in die Tabelle ein.

	Freitag	Samstag	Sonntag
Vormittag	☁️🌧		
Nachmittag			
Höchsttemperatur			

sonnig — heiter — wolkig — bedeckt — leichter Regen — starker Regen — Gewitter

3 Kreuze an.
Es können auch mehrere Antworten richtig sein.

Mit wem möchten die Eltern von Lisa
das Wochenende verbringen?
- Sie wollen das Wochenende mit Arbeitskollegen verbringen.
- Sie wollen das Wochenende mit Verwandten verbringen.
- Sie wollen das Wochenende mit Freunden verbringen.
- Die ganze Familie verbringt das Wochenende zusammen.

Wo sind die Kinder am Wochenende?
- Die Kinder sind am Wochenende im Zeltlager.
- Das Wochenende verbringen die Kinder bei Oma und Opa.
- Die Kinder sind am Wochenende bei den Nachbarn.
- Die Kinder sind am Wochenende bei den Großeltern.

Wo informiert sich Lisa über das Wochenendwetter?
- Lisa liest in der Zeitung den Wetterbericht.
- Lisa schaut im Fernsehen die Wettervorhersage an.
- Lisa schaut im Internet nach dem Wetter.
- Lisa fragt den Wetterfrosch nach dem Wetter.

Was sollten die Eltern von Lisa für das Wochenende einpacken?
- Sie sollten Regenschirme einpacken.
- Die Mutter sollte dicke Handschuhe einpacken.
- Der Vater sollte einen dicken Winterpullover einpacken.
- Die Eltern sollten T-Shirts einpacken.

Wie sieht es bei Oma und Opa aus?
- Oma und Opa haben eine Wohnung mit Terrasse.
- Oma und Opa haben einen großen Garten.
- In ihrem Garten steht ein Klettergerüst.
- In ihrem Garten steht eine Schaukel.

4 Kreuze die richtige Antwort an.

An welchem Tag soll es überhaupt nicht regnen?
▪ Sonntag ▪ Samstag ▪ Freitag

An welchem Tag soll es vielleicht ein Gewitter geben?
▪ Freitag ▪ Samstag ▪ Sonntag

Wann ist das Wetter für einen Spaziergang am besten?
▪ Sonntagmorgen ▪ Freitagvormittag ▪ Freitagnachmittag

Wann braucht man keinen Regenschirm?
▪ Sonntagvormittag ▪ Freitagvormittag ▪ Samstagvormittag

5 Ergänze beim Lesen den unteren Teil der Buchstaben.
Lies den Text einem anderen Kind vor.

Lisas Vater schaut, wie das Wetter am Wochenende für die Kinder bei Oma und Opa werden soll. Er berichtet: „Ihr werdet schönes Wetter bei Oma und Opa haben. Am Freitag ist es den ganzen Tag trocken.
Vormittags scheint die Sonne. Nachmittags kann es dann etwas wolkig werden. Am Samstag ist es den ganzen Tag heiter. Da könnt ihr mit Oma und Opa vielleicht auch einen Ausflug machen. Am Sonntag ist es vormittags bedeckt. Aber am Nachmittag scheint wieder die Sonne. Die Temperaturen liegen am Freitag und am Samstag bei 22° C und am Sonntag bei 20° C."

6 Wer wird am Wochenende das bessere Wetter haben, die Eltern oder die Kinder? Begründe deine Antwort.

_____

_____

7 Lies den Text und ergänze die fehlenden Wörter.

Die Wettervorhersage

Guten Abend meine Damen und _____ .
Am Wochenende wird das _____ in
Deutschland recht wechselhaft. Am Samstag ist es
zunächst weitgehend heiter und _____ .
Nachmittags kann es zu heftigen _____
mit starken Regengüssen kommen. Nachts _____
die Temperaturen bis auf 9°C.
Am Sonntag wechseln Aufheiterungen mit
dichten _____ und einzelnen Schauern.
Die Temperaturen erreichen am Tag 18°C.
In der _____ liegen die Tiefstwerte bei 8°C.
Der _____ bläst leicht bis stark aus Nord bis Nord-Ost.
Für die nächsten Tage ist keine Wetterverbesserung in Sicht.
Es bleibt für die Jahreszeit zu _____ .

8 Lies die Witze. Spiele mit anderen Kindern einen Witz vor.

Fliegen zwei Engel durch den Himmel. Fragt der eine den anderen: „Sag mal, weißt du, wie morgen das Wetter wird?" – „Ich glaube wolkig." – „Gut, dann können wir uns endlich mal wieder hinsetzen!"

Sagt ein Pinguin zu seinem Freund: „Du, heute sind nur zehn Grad unter Null. Meinst du, wir bekommen Hitzefrei?"

Gehen zwei Indianer zu ihrem Medizinmann und fragen: „Kannst du uns sagen, wie in diesem Jahr der Winter wird?" Der Medizinmann schmeißt einen Haufen kleiner Steinchen auf den Boden und sagt: „Das wird ein sehr kalter Winter, sammelt viel Holz zum Heizen." Am anderen Tag kommen noch einige Indianer zu ihm und fragen dasselbe. Auch ihnen sagt er: „Es wird ein kalter, langer Winter. Sammelt viel Holz." Auch von anderen Stämmen kommen die Indianer und immer sagt er dasselbe: „Sammelt viel Holz!"
Doch der Medizinmann ist sich nicht ganz sicher und denkt: „Ich muss doch mal beim Wetteramt anrufen und fragen, ob das denn auch richtig ist."
Gesagt – getan. Er greift zum Telefon und fragt den Herrn vom Wetteramt: „Können Sie mir bitte sagen, wie in diesem Jahr der Winter wird?"
Der Herr vom Wetteramt antwortet ihm: „Das wird ein ganz harter Winter! Die Indianer sammeln so viel Holz wie noch nie."

Zwei Fahrgäste im Zug: „Würden Sie freundlicherweise das Fenster zu machen? Es ist so kalt draußen." „Ja, glauben Sie denn, dadurch würde es draußen wärmer?"

43

Vögel

A Stieglitz

Der Stieglitz wird auch Distelfink genannt. Das beste Erkennungsmerkmal ist der rot-schwarz-weiße Kopf. Das Rücken-, Brust- und Bauchgefieder ist überwiegend braun. Die Flügel sind schwarz und haben an den Außenseiten ein gelbes Band. Der Schnabel ist weiß. Der Stieglitz wird etwa 12 cm groß. Er lebt in Obstgärten, Parkanlagen und in Feldgehölzen und ernährt sich von Sämereien. Besonders gern mag er Distel-, Kletten- und Löwenzahnsamen.

B Kernbeißer

Das Auffälligste am Kernbeißer ist sein dicker Schnabel. Sein Kopf ist braun und färbt sich zum Nacken hin grau. Die Kehle ist schwarz. Der Rücken und die Flügel sind braun und haben glänzend schwarze Außenfedern. Die Spitze der Schwanzfedern ist weiß. Er wird ungefähr 18 cm groß. Der Kernbeißer lebt in Gärten, Parkanlagen, Feldgehölzen und im Mischwald. Er ernährt sich von Sämereien und besonders gerne von Steinobstfrüchten.

C Kuckuck

Besonderes Kennzeichen des Kuckucks sind der lange Schwanz und die spitzen Flügel. Der Kuckuck hat ein braunes Gefieder mit brauner oder heller Marmorierung. Brust und Bauch sind hell und haben dunkle Querbänder. Besonders gut zu erkennen ist der Kuckuck auch an seinen dunklen Augen, die hell umrandet sind. Er lebt in Wäldern und Feldgehölzen. Die Größe beträgt bis zu 33 cm. Der Kuckuck ernährt sich von Insekten. Besonders gerne frisst er Schmetterlingsraupen.

D Rotkehlchen

Das Rotkehlchen ist gut an der orangeroten Färbung von Stirn, Kehle und Brust zu erkennen. Die Flügel und der Schwanz sind braun gefiedert. Am Bauch ist das Rotkehlchen weiß. Es wird ungefähr 14 cm groß. Rotkehlchen leben in Gärten, Parkanlagen und Feldgehölzen. Sie ernähren sich hauptsächlich von Insekten und Regenwürmern. Im Herbst und Winter fressen sie auch Beeren.

1 Vergleiche die Texte mit den Bildern.
Welcher Text passt zu welchem Bild?
Schreibe den passenden Buchstaben in das Kästchen.

2 Unterstreiche im Text die Lebensräume der einzelnen Vögel.

45

3 Ergänze die fehlenden Angaben in der Tabelle.

Vogelart	Lebensraum	Nahrung	Größe	besondere Kennzeichen
Stieglitz	Obstgärten, Parkanlagen, Feldgehölze			
Kernbeißer		Sämereien und Steinobstfrüchte		
Rotkehlchen			ungefähr 14 cm	
Kuckuck				langer Schwanz und spitze Flügel

46

4 Lies den Text langsam. Ziehe dort einen Strich (/), wo du eine Pause machen möchtest. Achte auf den Sinn. Lies den Text einem anderen Kind vor.

Viele Vögel verbringen den Winter in wärmeren Ländern man nennt sie auch Zugvögel diese Vögel sammeln sich im Herbst dann fliegen sie in Gruppen nach Südeuropa oder Nordafrika dort verbringen die Vögel den Winter sie verlassen Deutschland weil sie hier im Winter nicht genug Nahrung finden im Frühling treten sie dann die lange Rückreise an

Tipp: Damit man einen Text gut verstehen kann, musst du beim Vorlesen Pausen machen.

SCHILP!

5 Lies den Text einem anderen Kind vor. Ergänze beim Lesen die fehlenden Buchstaben.

Spatzen werden auch Sperlinge gena___t. Sie leb___ in der Nähe der Mensch___. Es gibt zw___ Arten von Spa___, den Hausspatz und den Feldsp___. Der Hausspatz baut sein ___st gerne in die Dachrin___ der Häuser. Der Feldspatz baut sein Nest auf dem Fe___.

Beide Spatzenarten haben dunk___ gestreifte, br___ne Flügel mit weißen Rändern. Die Vög___ werden bis zu 15 cm gr___.

Der Lockruf des Sperlings lautet „schilp, schilp".

Spatzen fre___en Sämereien, Inse___en und Rau___. Sie baden sich gerne im San___ und auch im Wass___.

47

6 Lies die Fragen und Antworten mit einem anderen Kind.
Unterstreicht die Wörter, die ihr besonders betonen müsst.

Hat der Stieglitz einen <u>gelben</u> Schnabel?
　　　　　　　Nein, der Stieglitz hat einen <u>weißen</u> Schnabel.
Hat der Stieglitz einen weißen <u>Schwanz</u>?
　　　　　　　Nein, der Stieglitz hat einen weißen <u>Schnabel</u>.
Hat der <u>Sperling</u> einen weißen Schnabel?
　　　　　　　Nein, der <u>Stieglitz</u> hat einen weißen Schnabel.

Hat der Kernbeißer einen <u>roten</u> Kopf?
　　　　　　　Nein, der Kernbeißer hat einen braunen Kopf.
Hat der <u>Kuckuck</u> einen braunen Kopf?
　　　　　　　Nein, der Kernbeißer hat einen braunen Kopf.
Hat der Kernbeißer einen braunen <u>Schnabel</u>?
　　　　　　　Nein, der Kernbeißer hat einen braunen Kopf.

Mag der Kuckuck Igel?　　　　　Nein, der Kuckuck mag Insekten.
Hasst der Kuckuck Insekten?　　Nein, der Kuckuck mag Insekten.
Mag der Stieglitz Insekten?　　　Nein, der Kuckuck mag Insekten.

Sind die Flügel vom Kuckuck braun gefiedert?
　　　　Nein, die Flügel vom Rotkehlchen sind braun gefiedert.
Ist die Brust vom Rotkehlchen braun gefiedert?
　　　　Nein, die Flügel vom Rotkehlchen sind braun gefiedert.
Sind die Flügel vom Rotkehlchen gelb gefiedert?
　　　　Nein, die Flügel vom Rotkehlchen sind braun gefiedert.

7 Lies die Sätze und ergänze im Bild, was fehlt.

Der Buntspecht hat einen schwarzen Scheitel.
Der Scheitel hat zum Genick hin einen roten Fleck.
Die Wangen sind weiß.
Unter den Wangen verläuft ein schwarzes Band bis zur Brust.
Die Flügel sind schwarz mit großen weißen Schulterflecken.
Am Ende der Flügel gibt es viele kleine weiße Flecken.
Der Bauch ist weiß.
Der Unterbauch ist rot gefärbt.
Der Buntspecht sitzt an einem braunen Baumstamm.

Lesen macht Spaß

In diesem Jahr feierte unsere Schule ein Fest zum Thema
„Lesen macht Spaß".
Jede Klasse hatte ein Buch gelesen, das sie auf dem Fest vorstellte.

Die Klasse 2 hatte ein Buch über Vampire gelesen.
Es handelt von dem kleinen Vamperl,
das bösen Menschen das Gift aus dem Körper saugt.
Danach sind die Menschen viel netter.
Die Klasse führte zu dem Buch ein Theaterstück auf.

Im Klassenraum der Klasse 3a gab es eine
Dichterlesung. Die Schülerinnen und Schüler
lasen aus dem Buch „Das Findelkind vom Watt".
In dem Buch besuchen die Zwillinge Delia und Jun
eine Aufzuchtstation für Seehunde. Sie dürfen zusehen,
wie die jungen Seehunde versorgt werden.

Die Klasse 3b las ein Buch, in dem ein schwarzer
Kater die Hauptrolle spielt. Der Kater heißt Munkel
und gehört Lukas. Eines Tages verschwindet Munkel.
Die Klasse hatte sich ein Lesequiz ausgedacht.
Wer alle Fragen richtig beantworten konnte,
nahm an einer Buchverlosung teil.

Die Klasse 4 stellte das Buch „Der schwarze Ritter"
von Jens Schumacher vor. Darin reisen Maya und Jan
mit Hilfe eines magischen Steins ins Mittelalter.
Bei einem Ritterturnier treffen sie die rätselhaften Krieger
in der schwarzen Rüstung. Die Kinder der Klasse
hatten sich als Ritter verkleidet und im Klassenraum
konnte man Ritterspiele machen.

1 Kreuze die richtige Antwort an.

Im Buch der Klasse 2 ist die Hauptperson ein kleiner

■ Drache. ■ Vampir. ■ Dinosaurier.

In dem Buch, aus dem die Schülerinnen und Schüler der Klasse 3a vorlasen, geht es um

■ Windhunde. ■ Spürhunde. ■ Seehunde.

Die Hauptperson im Buch der Klasse 4 ist ein

■ Ritter. ■ Pirat. ■ Indianer.

Das Buch, das die Klasse 3b gelesen hat, handelt von einem

■ Drachen. ■ Ungeheuer. ■ Kater.

2 Immer drei Angaben gehören zusammen.
Unterstreiche sie jeweils mit der gleichen Farbe.

3 b	<u>Das Vamperl</u>	Dieuwke Winsemius
<u>2</u>	Ein Kater schwarz wie die Nacht	Jens Schumacher
3 a	Der schwarze Ritter	Henning Mankell
4	Das Findelkind vom Watt	<u>Renate Welsh</u>

3 Welcher Text gehört zu welchem Buch?
Schreibe den passenden Buchstaben in das Kästchen.
Lies die Texte einem anderen Kind vor.

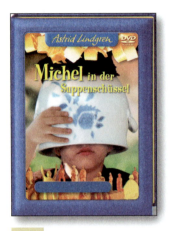

A „Ähem! Entschuldigung? Ich heiße Felix. Felix Thörl. Vielleicht habt ihr ja von mir gehört. Die meisten nennen mich „Asthmas", weil ich oft Asthma habe. Doch für die, die mich mögen, für die Wilden Kerle natürlich, bin ich „der Wirbelwind". Zum Beispiel für Fabi, den schnellsten Rechtsaußen der Welt. Er ist immer gut drauf, und wenn du einen Rat brauchst, weil du in der Klemme steckst, dann gehst du am besten zu ihm!" …

B „Ich verstehe das nicht", murmelte der Kapitän, der jetzt mit den anderen das Zimmer betrat. „Ich habe den Affen von klein auf. Der ist absolut zahm. Noch niemals hat er jemanden angegriffen. Ich verstehe das nicht …"
„Beruhigen Sie sich", sagte Justus. „Es gibt für alles eine Erklärung." Draußen ging langsam die Sonne unter und die drei ??? beschlossen, erst einmal nach Hause zu fahren. …

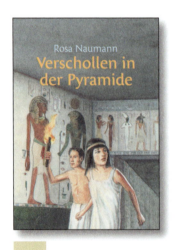

C An diesem Tag gab es auf Katthult Rindfleischsuppe zu Mittag. Lina hatte die Suppe in der mit Blumen bemalten Suppenschüssel aufgetragen, und alle saßen um den Küchentisch und aßen ihre Suppe, besonders Michel.
Er mochte Suppe, und man hörte es, wenn er sie aß. „Musst du so schlürfen?", fragte seine Mama. „Sonst weiß man doch nicht, dass es Suppe ist", sagte Michel. …

D Eines schönen Sommertages tauchte im Wald von Pepper Hill im amerikanischen Bundesstaat Pennsylvania ein Baumhaus auf. Der achtjährige Philipp und seine siebenjährige Schwester Anne kletterten hoch und entdeckten, dass das Baumhaus voller Bücher war.
Die Geschwister fanden außerdem heraus, dass das Baumhaus verzaubert war. Sie konnten damit zu all den Orten reisen, die sie in den Büchern sahen. …

E Sie erschrak, als Meketre sie plötzlich ansprach. „Warum bist du schon wach?"
„Ich konnte nicht mehr schlafen.
Ich habe das Gefühl, wir haben keine Zeit zu verlieren und sollten so schnell wie möglich aufbrechen."
Meketre packte Wasser auf den Esel und umwickelte dessen Beine mit nassen Lappen.
„Der Esel darf auf keinen Fall von einer Schlange gebissen werden, das wäre das Ende für meinen Vater." …

Konzeption

Die Arbeitsheft-Reihe **Lies richtig** orientiert sich an den nationalen Bildungsstandards für den Primarbereich (Beschluss der KMK vom 15.10.2004) und fokussiert den Kompetenzbereich Lesen im Hinblick auf grundlegende Lesestrategien. Um Strategien erfolgreich zu vermitteln, sollten Kinder Lesen als etwas Lustvolles, Aufregendes, aber auch als etwas Pragmatisches erleben. Durch eine Auswahl unterschiedlicher Textsorten werden die Kinder mit einem breit gefächerten Literaturangebot konfrontiert, zu dem literarische Texte, Gebrauchstexte und nicht-kontinuierliche Texte zählen. Zu jedem Lesetext bearbeiten die Kinder Aufgaben mit unterschiedlichen Schwerpunkten. Zentrale Aspekte zur Entwicklung der Lesestrategien sind Übungen zur:

- Lesetechnik (z. B. unterstreichen, Buchstaben oder Wörter ergänzen, genau lesen);
- Sinngestaltung (z. B. Pausenzeichen, Betonungswörter, unterschiedliche Stimme bewusst einsetzen);
- Sinnentnahme (z. B. Angaben malen, Bild und Text verbinden, Satzende finden, Fragen beantworten);
- Texterschließung (Schlüsselwörter, Texte entflechten, Reihenfolge herstellen, Text/Text-Vergleich) und zur
- Textpräsentation (Texte vortragen, Dialoge lesen, Texte vertonen).

Durch wiederkehrende Aufgabentypen, die progressiv angelegt sind, ist es den Schülerinnen und Schülern möglich, selbstständig mit dem Arbeitsheft zu üben. Die Symbole neben den Aufgaben fordern die Kinder auf, ihre Arbeit an den einzelnen Aufgaben zu reflektieren und selbst einzuschätzen. Diese Selbsteinschätzung stellt wiederum ein wichtiges Diagnoseinstrument für die Lehrkraft dar.